Vender Herramientas De IA Como Afiliado O Revendedor

Ganar Comisiones Recurrentes Promoviendo Software De Ia A Clientes De Todo El Mundo

Por Joe Correa

Publicado por Live Stronger Faster

Primera edición

Tabla de contenido

Introducción

Bienvenido a un Nuevo Tipo de Oportunidad Digital

En el mundo de los negocios en línea, una oportunidad está explotando con un crecimiento impresionante: vender herramientas de IA como afiliado o revendedor. ¿Por qué? Porque la inteligencia artificial ya no es algo futurista — está aquí, es parte del presente y es altamente rentable. Empresas de todo el mundo están invirtiendo miles de millones en IA, y cada persona, startup y corporación necesita soluciones de IA para automatización, creación de contenido, servicio al cliente, marketing y mucho más.

Pero en lugar de crear tus propias herramientas — lo cual requiere tiempo, capital y experiencia técnica — existe una ruta más inteligente: asociarte con empresas de IA como revendedor o afiliado y ganar comisiones recurrentes — muchas veces de por vida — por cada cliente que refieras.

Por Qué el Marketing de Afiliados en IA Es Tan Poderoso

El marketing de afiliados no es nuevo, pero el marketing de afiliados enfocado en IA está en otro nivel:

Herramientas de alta demanda y alta conversión: Las personas buscan activamente herramientas de IA.
Modelos de suscripción mensual o anual: Recibes comisiones recurrentes.
Baja competencia (comparado con nichos saturados como fitness o finanzas).
Gratis o de bajo costo para comenzar: Sin inventario, sin servicio al cliente, sin programación.

Y gracias a las redes sociales, YouTube, el marketing de contenidos y la automatización por correo electrónico, puedes promocionar una vez y cobrar una y otra vez.

Para Quién Es Este Libro

Este libro es para:

Cualquier persona que quiera generar ingresos pasivos desde cualquier lugar.
Emprendedores, creadores y coaches que desean monetizar su audiencia.
Freelancers que quieren agregar ingresos por afiliados a sus servicios.
Principiantes sin habilidades de programación ni experiencia en marketing.

Ya sea que estés en Estados Unidos, India, África o

Latinoamérica — si tienes conexión a internet y estás dispuesto a aprender, puedes hacerlo.

Qué Aprenderás en Este Libro

Cada capítulo está diseñado para guiarte paso a paso en la construcción de un negocio de afiliados exitoso alrededor de herramientas de IA:

- Entender el mercado del software de IA
- Cómo funcionan los programas de afiliados y dónde encontrarlos
- Las mejores herramientas de IA que puedes promocionar hoy
- Cómo construir un embudo de afiliados que convierta
- Crear contenido que atraiga compradores
- Estrategias de YouTube, Instagram y SEO
- Automatizar comisiones con email marketing
- Cómo revender herramientas de IA como socio de marca blanca
- Escalar a seis cifras con anuncios pagados y alianzas
- Estrategias de ingresos a largo plazo y planificación de salida

Cada capítulo incluye historias reales, estudios de caso y

estrategias listas para usar para que comiences de inmediato.

Esto No Se Trata de Suerte

Este libro no trata de dinero rápido ni de tácticas dudosas. Se trata de construir un activo digital real — uno que pueda generar miles de dólares al mes en ingresos pasivos con la estrategia correcta y constancia.

Si estás cansado de intercambiar tiempo por dinero, si quieres trabajar menos y ganar más, y si estás listo para aprovechar una de las tendencias más poderosas de nuestro tiempo — IA + ingresos recurrentes — estás en el lugar correcto.

Ahora, comencemos tu viaje para construir ingresos digitales globales con el Capítulo 1: Entendiendo el Mercado del Software de IA.

Luis comenzó a investigar programas de afiliados

La lluvia golpeaba suavemente el techo de zinc de un pequeño apartamento en Manila. Luis estaba sentado frente a un escritorio de madera desgastado con nada más que una laptop de segunda mano, un iPhone con la pantalla rota y un sueño: generar ingresos en línea.

Un año antes, había intentado de todo — dropshipping,

trading de criptomonedas, impresión bajo demanda. Nada funcionó. Entonces, una noche tarde en YouTube, se topó con un video: "Promociona Herramientas de IA y Gana Comisiones Mensuales". Algo hizo clic.

No tenía dinero para invertir. Pero tenía tiempo, determinación y acceso a internet. Eso fue suficiente.

Luis comenzó a investigar programas de afiliados. Se registró en Jasper, Writesonic, Pictory y plataformas basadas en ChatGPT. Creó un blog gratuito con reseñas de productos y guías prácticas. Publicó TikToks mostrando cómo usar la IA para ahorrar tiempo. Su contenido no era perfecto. Su inglés no era impecable. Pero su autenticidad destacó entre el ruido.

¿Su primera comisión? 13 dólares. Luego 27. Después, una avalancha: 439 dólares en un solo mes — todos recurrentes.

En menos de 9 meses, Luis ganaba más que el salario mensual promedio en su país — desde casa. No era un experto. No tenía contactos. Simplemente promocionó herramientas que las personas ya estaban buscando, usando métodos de tráfico gratuito y constancia.

Hoy dirige una agencia de contenidos impulsada completamente por herramientas de IA — la mayoría de las cuales promociona y de las que gana comisiones. Está construyendo su imperio digital, pieza por pieza.

Este libro está lleno de historias como la suya. Aprenderás qué hacer, qué evitar y cómo construir un negocio que trabaje para ti — sin importar dónde vivas, lo que sepas o lo que hayas intentado antes.

Comencemos con el Capítulo 1.

Capítulo 1: Entendiendo el Mercado del Software de IA

Para tener verdadero éxito como afiliado o revendedor de herramientas de IA, necesitas verte a ti mismo no solo como un promotor, sino como un traductor — alguien que traduce tecnología poderosa en soluciones prácticas para personas comunes. A la mayoría de tus futuros clientes no les importan términos como "modelos generativos" o "procesamiento de lenguaje natural". Lo que sí les importa es si una herramienta puede escribir un blog en 2 minutos, editar un video en 5 clics o generar prospectos en piloto automático. Ese es tu trabajo: entender lo que hacen las herramientas y comunicar su valor en un lenguaje sencillo.

El software de IA está resolviendo problemas reales en casi todas las industrias. En el comercio electrónico, herramientas como Descript y Pictory ayudan a emprendedores a crear videos de productos sin cámaras. En bienes raíces, los chatbots con IA responden prospectos 24/7. En educación, herramientas como MagicSchool AI generan planes de clase, rúbricas y evaluaciones. Los coaches usan IA para escribir guiones de ventas, crear lead magnets y responder correos electrónicos. Los dueños de pequeños negocios utilizan IA para servicio al cliente, programación, contratación e incluso contabilidad. Todas estas son áreas donde tú, como afiliado, puedes intervenir y decir: "Así funciona. Por esto es importante. Así puedes empezar."

Entender tu mercado significa entender qué ya está funcionando. Las herramientas de IA más exitosas suelen seguir algunos patrones:

Resuelven un problema doloroso y que consume tiempo (por ejemplo, escribir, editar, crear guiones, resumir).
Tienen una interfaz clara y sencilla.
Ofrecen prueba gratuita o un punto de entrada de bajo costo.
Están dirigidas a usuarios no técnicos, generalmente emprendedores individuales o creadores.
Tienen facturación recurrente — lo que significa que te pagan cada mes, no solo una vez.

Veamos algunos ejemplos. Jasper AI (anteriormente Jarvis) es un asistente de escritura con IA. Ayuda a marketers y creadores de contenido a redactar blogs, correos electrónicos, anuncios y publicaciones en redes sociales rápidamente. Su programa de afiliados paga 30% de comisión recurrente mensual. Pictory es una herramienta de texto a video que convierte artículos o guiones en videos. Los afiliados ganan ingresos recurrentes por cada usuario que se registra. ElevenLabs es una herramienta de generación de voz que ayuda a creadores de contenido y editores de audiolibros a producir narraciones realistas — y sí, también tiene programa de afiliados.

La belleza de este modelo es su baja resistencia y alta escalabilidad. No necesitas inventario, manejar soporte al cliente ni desarrollar software. La empresa de IA hace todo eso. Tu trabajo es traer nuevos usuarios. Y solo necesitas un pequeño grupo de personas que amen la herramienta para ganar cientos o incluso miles de dólares al mes. Imagina referir solo 100 personas a una herramienta de $29 al mes que paga 30% de comisión recurrente. Eso serían $870 al mes — cada mes — sin trabajo adicional una vez que estén registrados.

Pero aquí está el verdadero secreto: la mayoría de los afiliados fracasan no por falta de esfuerzo, sino porque intentan promocionar todo a todos. El éxito viene de enfocar tu atención. Elige un nicho que te interese o que entiendas. Si eres entrenador fitness, enfócate en herramientas de IA que ayuden con programación de citas, creación de contenido o seguimiento de clientes. Si eres diseñador, enfócate en herramientas de generación de imágenes, diseño de logotipos o branding. Tu autoridad y autenticidad se notarán naturalmente cuando hables a un grupo con el que te identificas — y eso hace que tus promociones sean mucho más efectivas.

No olvides analizar tendencias. Mercados de herramientas de IA como FutureTools.io, There's An AI For That y G2.com listan regularmente herramientas en tendencia y reseñas de usuarios. Usa Google Trends y herramientas de investigación de palabras clave para descubrir qué software de IA está buscando realmente la gente. Busca herramientas con fuerte presencia en línea, comunidades activas y reseñas positivas — porque son las que los usuarios tienen más probabilidad de confiar, probar y seguir usando.

Igualmente importante es entender la psicología del comprador en este mercado. La mayoría de los clientes necesitan ver valor antes de comprar. Por eso crear contenido educativo — como tutoriales, guías paso a paso o videos comparativos — funciona mejor que anuncios llamativos. Cuando enseñas a alguien a resolver su problema usando una herramienta e incluyes tu enlace de afiliado debajo del contenido, las conversiones ocurren de forma natural. No estás vendiendo — estás ayudando.

Otra clave para dominar el mercado de software de IA es seguir los cambios. La IA evoluciona rápidamente. Surgen nuevas herramientas, cambian los precios, las empresas se fusionan, se actualizan funciones. Si te mantienes al día con las tendencias, podrás aprovechar lanzamientos nuevos y ganar comisiones tempranas antes de que el mercado se sature.

Considera unirte a comunidades de afiliados en Reddit, Discord o Facebook para mantenerte informado. Muchas empresas de IA incluso tienen boletines exclusivos para afiliados con promociones, concursos y novedades.

Por último, recuerda que el mercado de IA es global. Hay creadores en Brasil usando Pictory para hacer videos de YouTube, freelancers en Nigeria usando ChatGPT para acelerar trabajos con clientes y dueños de negocios en Alemania automatizando su marketing con herramientas como GoHighLevel. Esto significa que tu contenido puede llegar a una audiencia masiva a través de YouTube, blogs con SEO, Instagram Reels o TikTok — con el mismo esfuerzo que tomaría llegar a una audiencia local. La traducción, subtítulos y contenido multilingüe te dan una ventaja.

En resumen, entender el mercado de software de IA significa:

- Saber qué problemas quieren resolver las personas
- Elegir herramientas que los resuelvan bien
- Encontrar programas de afiliados con potencial de ingresos recurrentes
- Enfocarte en un nicho o audiencia específica
- Crear contenido útil y centrado en el valor
- Seguir tendencias del mercado y expansión global

No es un atajo hacia la riqueza. Pero sí es un camino claro y comprobado hacia ingresos digitales sostenibles — especialmente si te posicionas temprano. Y ya estás haciendo exactamente eso al leer este libro.

Entendiendo el Mercado del Software de IA con Chioma

Chioma estaba sentada bajo un ventilador de techo en su pequeño hogar en Lagos, Nigeria, con su laptop calentándole las piernas mientras la electricidad regresaba después de un corte. Acababa de terminar de dar clases particulares de matemáticas a tres estudiantes de secundaria y tenía unas horas antes de la cena. Pero ese tiempo no era para corregir tareas — era para construir su futuro. Meses atrás, encontró un tweet de alguien que afirmaba ganar $2,000 al mes promocionando herramientas de IA. Al principio no lo creyó. Pero la curiosidad la impulsó a investigar. Esa noche se quedó despierta viendo videos en YouTube sobre marketing de afiliados con IA. Y lo que descubrió le dio esperanza.

Lo primero que entendió fue que las herramientas no eran tecnología compleja solo para programadores. En realidad eran simples — incluso divertidas — diseñadas para personas comunes como ella. Probó algunas: Jasper, que escribía descripciones de productos en segundos; Pictory, que convertía texto en videos animados; y ElevenLabs, que producía voces realistas. Cada una tenía un enlace que decía “Programa de Afiliados”. Y cuando hacía clic, la invitaban a aplicar y ganar un porcentaje por cada venta referida.

Se registró en cuentas gratuitas, se unió a los programas de afiliados y comenzó a documentar su experiencia. Cada noche después de dar clases, escribía artículos en su blog y grababa videos cortos comparando herramientas, explicando cómo usarlas y respondiendo preguntas que veía en foros. No tenía una cámara profesional. La mayoría de sus videos eran grabaciones de pantalla con narración usando su micrófono básico. Pero sabía algo importante: no intentaba volverse viral. Solo quería ayudar a alguien como ella — alguien que quería ganar un poco más de dinero y no sabía por dónde empezar.

Después de tres semanas, ganó su primera comisión de $19. Luego nada durante dos semanas más. Pero siguió adelante, ajustando títulos y probando nuevas palabras clave. Descubrió que la gente respondía mejor cuando usaba ejemplos concretos, como “Cómo Escribir un Guion de YouTube en 60 Segundos Usando IA”. Algunas publicaciones comenzaron a posicionarse en Google. Luego llegaron $58, después $112 el mes siguiente. Para el cuarto mes, estaba promediando $275 mensuales en comisiones — todas recurrentes.

El éxito de Chioma no vino de manipular algoritmos. Vino de entender lo que la gente quería. Otros tutores le preguntaban qué herramientas usaba. Escritores le pedían ayuda para crear artículos más rápido. Dueños de negocios querían automatizar correos. Ella no vendía funciones. Explicaba beneficios. Les ayudaba a visualizar el tiempo ahorrado, el dinero ganado y el estrés reducido. Y a cambio, hacían clic en sus enlaces y se registraban.

Se enfocó en tres herramientas en las que realmente creía y aprendió todo sobre ellas. No persiguió cada novedad brillante — creó contenido largo y actualizaba sus tutoriales a medida que las herramientas evolucionaban. Incluso hizo una tabla comparativa con ventajas y desventajas para que las personas eligieran la mejor opción. Poco a poco, su presencia digital creció. Agregó automatización de correos y un pequeño boletín. Cuando alguien se registraba en su tutorial gratuito, recibía cinco correos de seguimiento mostrando cómo usar las herramientas — cada uno con su enlace de afiliado.

En su sexto mes, ganaba lo suficiente para cubrir su alquiler. Ese mismo mes, una amiga en el Reino Unido le preguntó cómo estaba ganando dinero en línea, y Chioma la ayudó a crear su propio blog de IA para profesionales del fitness. Fue entonces cuando comprendió que esto no era solo un ingreso extra. Era el comienzo de un nuevo capítulo, donde ya no estaba limitada por su ubicación, zona horaria o techo de ingresos.

Chioma no creó software. No inventó nada nuevo. Simplemente reconoció que las herramientas de IA se estaban volviendo esenciales — y alguien necesitaba ayudar a otros a entenderlas y usarlas. Esa persona podía ser ella.

Ahora, cuando mira sus paneles de afiliado cada semana y ve nuevos usuarios de India, Sudáfrica, Estados Unidos y Brasil registrándose a través de sus enlaces, sonríe. No solo por el ingreso, sino por el impacto. Encontró su nicho. Entendió el mercado. Y tomó acción antes de que la mayoría supiera lo que era posible.

Capítulo 2: Cómo Funcionan los Programas de Afiliados y Dónde Encontrarlos

Los programas de afiliados son asociaciones entre empresas y personas que aceptan promocionar sus productos a cambio de una comisión por cada venta o registro. En el contexto de las herramientas de IA, estos programas suelen formar parte de una estrategia de marketing más amplia llamada marketing de afiliados SaaS — y son increíblemente poderosos cuando se combinan con productos de ingresos recurrentes. Para aprovechar correctamente estos programas, debes entender la mecánica, los tipos de ofertas, las estructuras de pago y las plataformas donde puedes encontrar las oportunidades más lucrativas.

Comencemos con lo básico. Cuando te unes a un programa de afiliados, recibes un enlace de seguimiento único, a veces llamado "enlace de afiliado". Esta URL está codificada específicamente para ti. Cuando alguien hace clic en tu enlace y se registra o realiza una compra, la plataforma de afiliados rastrea esa acción y asigna la comisión a tu cuenta. Dependiendo de la configuración de la empresa, esa comisión puede ser un pago único o un porcentaje mensual recurrente.

Algunos programas también ofrecen bonos por hitos — como referir a tus primeros 10 usuarios o generar $1,000 en ventas.

Generalmente existen dos tipos de modelos de pago en afiliación: comisiones únicas y comisiones recurrentes. Una comisión única se paga una sola vez cuando alguien se registra o compra a través de tu enlace. Esto es común en eBooks, plantillas y algunas ventas de cursos. Sin embargo, las comisiones recurrentes son donde se construye la verdadera riqueza a largo plazo — especialmente en herramientas de IA. Si el cliente que referiste sigue pagando cada mes, tú continúas ganando. Esto es particularmente valioso en software con modelos de suscripción mensual como Jasper, Copy.ai, Pictory, Writesonic, ElevenLabs, Surfer SEO y más.

La mayoría de los programas de afiliados de IA pagan entre 15% y 50% de comisión recurrente. Supongamos que promocionas una herramienta de voz con IA que cuesta $30 al mes. Si ganas 30% de comisión recurrente, eso son $9 al mes por usuario. Si refieres 100 usuarios, estarías ganando $900 al mes — estés trabajando o durmiendo. Algunas empresas incluso ofrecen cookies de por vida, lo que significa que ganarás comisiones mientras ese cliente continúe usando el producto. Otras usan cookies de 30 o 90 días, lo que significa que recibirás crédito por cualquier venta realizada dentro de ese período desde tu referencia inicial.

Para unirte a estos programas, normalmente debes aplicar a través del sitio web de la empresa de IA. Busca enlaces en el pie de página que digan "Afiliado", "Programa de Socios" o "Programa de Referidos". A veces necesitarás aplicar a través de plataformas de terceros como PartnerStack, FirstPromoter o Impact. Estas plataformas actúan como puente entre las empresas y los afiliados. Proporcionan tus enlaces únicos, reportes de pagos y materiales de marketing. Si eres aceptado en un programa dentro de estas plataformas, a menudo podrás aplicar a docenas de otros desde el mismo panel.

Es importante entender que no todos los programas de afiliados son iguales.

Antes de aplicar, revisa estos factores clave:

1. Tasa de comisión: ¿Es competitiva (25% o más)?
2. Frecuencia de pago: ¿Se pagan las comisiones mensualmente? ¿Hay un mínimo para retirar?
3. Duración de la cookie: ¿Recibes crédito días o semanas después del primer clic?
4. Tasa de conversión: ¿El producto convierte bien? Busca herramientas con prueba gratuita.
5. Soporte y recursos: ¿Te proporcionan banners, plantillas de email o videos demo?

6. Política de reembolsos: Algunos programas descuentan comisiones si el usuario cancela o solicita devolución.
7. Método de pago: ¿Pagan vía PayPal, transferencia bancaria u otro servicio?

No necesitas promocionar todas las herramientas que existan. De hecho, enfocarte en 3 a 5 programas de alta calidad puede dar mejores resultados que manejar 20 mediocres. Empieza eligiendo herramientas que realmente uses o en las que creas. Si has usado ChatGPT para escribir guiones de video, promociona un curso o complemento que lo mejore. Si usas ElevenLabs para crear audiolibros, muestra cómo lo haces e incluye tu enlace de referencia. La autenticidad genera confianza — y la confianza convierte.

Ahora, ¿dónde puedes encontrar programas de afiliados para herramientas de IA?

Aquí están los mejores lugares para comenzar:

- Sitios web de las empresas – Revisa el pie de página o busca: "[Nombre de la herramienta] + programa de afiliados".
- PartnerStack.com – Popular para herramientas de IA y SaaS con paneles profesionales.
- FirstPromoter.com – Utilizado por muchas empresas de software de IA.

- Impact.com – Un gran marketplace de afiliados para software importante.
- ClickBank y Digistore24 – No tan enfocados en IA, pero puedes encontrar ofertas interesantes.
- JVZoo y WarriorPlus – Más enfocados en productos informativos, pero algunos lanzamientos de IA aparecen aquí.
- Directorios de IA – Sitios como FutureTools.io o TheresAnAIForthat.com suelen enlazar directamente a páginas de afiliados o socios.

Una vez encuentres un programa, aplica con un perfil claro. Si la empresa pregunta cómo planeas promocionar, sé honesto. Di que usarás blogs, YouTube, TikTok, Instagram o email. Muchas empresas quieren afiliados con un plan sólido. Otras aceptan principiantes siempre que no usen tácticas engañosas o poco éticas.

Después de ser aprobado, comienza generando tus enlaces personalizados y guarda tu panel en favoritos. Si el programa ofrece materiales preescritos como banners o emails modelo, descárgalos. Pero recuerda: no copies y pegues sin más. Agrega tu voz. Al crear contenido, lidera con educación o entretenimiento — no solo con la venta. Un blog titulado "Las 5 Mejores Herramientas de IA para Copywriters" o un video de YouTube llamado "Usé IA para Editar Mi Podcast — Esto

Pasó" siempre superará a "Compra Esta Herramienta de IA Ahora".

Finalmente, haz seguimiento de tus resultados. Usa rastreadores de enlaces como Bitly o Pretty Links para ver qué contenido funciona mejor. Con el tiempo, identificarás el 20% de tu contenido que genera el 80% de tus comisiones. Duplica esos formatos y temas.

En resumen, los programas de afiliados no son solo formas de ganar dinero — son relaciones de negocio. Trátalos profesionalmente, entiende cómo funcionan y elige calidad sobre cantidad. Al construir alrededor de herramientas de IA confiables con buenas comisiones y utilidad real, estás sentando las bases para un flujo de ingresos sostenible y escalable que puede crecer mes tras mes — incluso si comienzas hoy sin experiencia.

La historia de Amara

Amara revisaba sus mensajes directos en Instagram, respondiendo a la pregunta de uno de sus seguidores: "¿Qué herramienta de voz con IA estás usando en tus videos?" Sonrió. Hace solo unos meses, nadie prestaba atención a su contenido. Ahora, tenía personas pidiéndole recomendaciones todos los días — y cada vez que compartía su respuesta, venía con un enlace. Un enlace que le pagaba, una y otra vez.

Un año antes, Amara estaba desempleada. La startup donde trabajaba cerró, y las ofertas de empleo tardaban en llegar. Pasaba las mañanas enviando solicitudes y las noches creando videos cortos usando herramientas de IA gratuitas. Por aburrimiento, grabó algunas capturas de pantalla mostrando cómo usaba ElevenLabs para clonar su voz y editar videos en minutos con Pictory. Los publicó en TikTok y YouTube Shorts. Obtuvieron vistas. No miles, pero sí cientos. Y la gente empezó a hacer preguntas.

No sabía mucho sobre marketing de afiliados. Pero un comentario cambió todo: "Oye, ¿tienes un enlace para esta herramienta?" Con curiosidad, visitó el sitio de ElevenLabs y encontró un pequeño enlace en el pie de página: Programa de Afiliados. Hizo clic. La llevó a un formulario de registro gestionado por un sitio llamado FirstPromoter. Completó el formulario, explicó que promocionaría a través de TikTok y YouTube, y envió la solicitud.

Dos días después, fue aprobada. La plataforma le dio un enlace único de afiliado, descripciones sociales preescritas y algunas imágenes para usar. No lo pensó demasiado. Actualizó el enlace en su biografía, editó la descripción del video y empezó a responder mensajes directos con su nueva URL de referencia. Al día siguiente, ganó su primera comisión: $8.79.

Al principio se sorprendió. ¿Podía ser tan simple? Publicar contenido, incluir un enlace y ganar un porcentaje cuando alguien se registra. Pero pronto entendió que no era solo suerte. Empezó a estudiar a otros creadores afiliados. Notó que no estaban haciendo spam — estaban enseñando. En lugar de decir "Compra esta herramienta de IA", decían "Así uso esta herramienta para ahorrar 5 horas a la semana". Ese cambio lo transformó todo.

Investigó más. Pictory también tenía programa de afiliados — esta vez a través de PartnerStack. Jasper, Synthesia y Copy.ai también. Algunos pagaban 20%, otros 40%. Algunos ofrecían pagos recurrentes. Aplicó a cada uno y fue aceptada. De repente, tenía acceso a cinco herramientas que ya usaba — y le pagaban por recomendarlas.

Amara organizó sus enlaces. Creó una página gratuita en Linktree y etiquetó cada herramienta con un beneficio claro: "Clonación de Voz con ElevenLabs", "Edición Rápida de Video con Pictory", "Escritura Instantánea con Jasper". Grabó nuevos tutoriales mostrando casos prácticos paso a paso. Pero esta vez agregó pequeños llamados a la acción: "Enlace en la bio si quieres probarlo."

En el primer mes ganó $147. En el tercero superó los $400. Algunas comisiones eran pagos únicos. Otras eran mensuales — acumulándose una sobre otra. Fue entonces cuando entendió: esto era un negocio real. No solo estaba "ganando dinero en internet". Estaba construyendo un flujo de ingresos que no dependía de clientes, inventario o un horario fijo.

Se volvió más estratégica. Aprendió sobre la duración de las cookies — cuánto tiempo sus enlaces rastreaban a cada usuario. Priorizó herramientas con cookies de por vida o seguimiento de 90 días. Descubrió que algunas ofrecían bonos: refiere a 10 personas y gana $100 adicionales. Tomó capturas de pantalla de sus paneles y las usó en videos como prueba de resultados.

A medida que su confianza creció, agregó un formulario simple para capturar correos electrónicos. Ofreció una "Guía con las 5 Mejores Herramientas de IA" gratuita a cambio del email. En pocas semanas tenía 300 suscriptores. Les enviaba actualizaciones, reseñas y recordatorios. Sus comisiones volvieron a subir.

Un día, una seguidora le escribió: "Me registré en Pictory con tu enlace y me encanta. ¿Puedes ayudarme a encontrar una herramienta de voz también?" En ese momento lo entendió. Su papel no era vender herramientas — era guiar a las personas a través de la jungla de la IA. Ser una curadora. Una fuente confiable. Y cuanto más ayudaba, más ganaba.

Hoy, Amara dirige un negocio ágil desde su habitación. Sin productos. Sin inventario. Sin empleados. Solo su teléfono, su laptop, una audiencia creciente y un puñado de enlaces que cuentan historias, resuelven problemas y ofrecen soluciones. El marketing de afiliados ya no es solo su ingreso extra. Es su puente — del desempleo a la independencia.

Y todo comenzó con un simple enlace en el pie de página.

Capítulo 3: Las Mejores Herramientas de IA que Puedes Promocionar Hoy

El secreto para generar ingresos constantes como afiliado de herramientas de IA no es solo entender cómo funciona el marketing de afiliados — sino saber qué promocionar. Las herramientas equivocadas pueden hacerte perder tiempo y energía. Las herramientas correctas pueden generarte ingresos pasivos mes tras mes. En este capítulo, veremos cómo identificar las mejores herramientas de IA para promocionar, qué hace que una herramienta sea ideal para afiliados y te presentaré una lista seleccionada de los mejores softwares de IA en distintas categorías — cada uno con alta demanda, comisiones recurrentes y alcance global.

Comencemos definiendo qué hace que una herramienta de IA sea una buena candidata para promoción como afiliado. Primero, debe resolver un problema real que las personas estén buscando activamente solucionar. Si tienes que "convencer" a alguien de que necesita la herramienta, estarás luchando cuesta arriba. Pero si la herramienta resuelve un problema conocido — como escribir correos más rápido, editar videos automáticamente o clonar voces — prácticamente se vende sola. Segundo, la herramienta debe ser fácil de usar. Si las personas la encuentran demasiado compleja, cancelarán rápidamente — lo que significa menos comisiones recurrentes para ti. Tercero, busca herramientas que ofrezcan prueba gratuita o plan freemium. Esto reduce la fricción y permite que tu audiencia experimente el valor antes de pagar. Finalmente, prioriza herramientas con altas tasas de conversión, reseñas positivas y sistemas confiables de seguimiento de afiliados a través de plataformas como PartnerStack o FirstPromoter.

Ahora dividamos las mejores herramientas por categoría.

Primero: Herramientas de Escritura con IA

Incluyen Jasper AI, Copy.ai, Writesonic y Rytr. Jasper y Copy.ai son de las más conocidas, con programas de afiliados que ofrecen entre 30% y 50% de comisión recurrente. Estas herramientas ayudan a escribir blogs, anuncios, correos electrónicos y publicaciones en redes sociales — lo que las hace ideales para marketers, freelancers y pequeños empresarios. Muchas incluyen plantillas, funciones para equipos e integraciones que aumentan la retención (lo que significa más dinero para ti a largo plazo).

Siguiente categoría: Herramientas de Voz y Audio con IA

ElevenLabs es una de las más destacadas. Permite crear narraciones realistas para podcasts, audiolibros, YouTube y videos de formación. Ha explotado en popularidad gracias a su calidad de audio y capacidades multilingües. Otras opciones incluyen PlayHT y Murf.ai. Son excelentes para promocionar a creadores de contenido, autores, profesores y marketers de video. La demanda de herramientas de voz ha crecido enormemente con el auge del contenido "sin rostro", especialmente en YouTube Shorts y TikTok.

Luego tenemos las Herramientas de Video con IA, un nicho en auge.

Pictory, InVideo, Synthesia y RunwayML son actores clave. Pictory permite convertir blogs o guiones en videos completos con imágenes de stock, narración, subtítulos y música — todo impulsado por IA. Es perfecta para creadores en redes sociales, coaches o cualquiera que quiera reutilizar contenido rápidamente. Synthesia es una herramienta más avanzada que crea videos con avatares de IA en múltiples idiomas — ideal para formación corporativa y empresas globales. Estas herramientas suelen pagar comisiones recurrentes y tienen una audiencia amplia.

Otra categoría enorme es la de Herramientas de Chat y Automatización con IA.

Chatbase, Botpress y CustomGPT permiten crear chatbots personalizados utilizando modelos de lenguaje avanzados. Son populares entre equipos de atención al cliente, tiendas de e-commerce y consultores. Si tu audiencia incluye desarrolladores o dueños de negocios, estas herramientas pueden ser muy rentables. Plataformas como ManyChat y GoHighLevel también incorporan funciones de IA y pagan comisiones recurrentes atractivas.

No olvidemos las Herramientas de Diseño e Imagen con IA.
Canva (ahora con funciones de IA), Looka, Midjourney (referencias comunitarias) y Leonardo.ai son excelentes si tu audiencia incluye diseñadores, emprendedores o community managers. Algunas herramientas de diseño no tienen programas formales de afiliados, pero puedes promocionar servicios complementarios (como plantillas, presets o paquetes de diseño con IA). El programa de afiliados de Canva paga tanto por registros gratuitos como por suscripciones Pro y funciona a nivel global.

Más allá de herramientas individuales, también existen Marketplaces y Bundles de IA que pagan comisiones.
Por ejemplo, AppSumo frecuentemente ofrece herramientas de IA con ofertas de por vida y pagos de afiliados. Directorios como FutureTools.io pueden tener redes de referidos. También puedes agrupar herramientas en tus propios lead magnets o blogs comparativos — por ejemplo: “Las 7 Mejores

Herramientas de IA para Agentes Inmobiliarios" — y ganar comisiones múltiples dentro de una sola pieza de contenido.

Aquí tienes una lista rápida de Herramientas de IA con Programas de Afiliados:

1. Jasper AI – Escritura con IA; 30% comisión recurrente (PartnerStack)
2. Copy.ai – Asistente de escritura; plan gratuito; 45% recurrente (FirstPromoter)
3. ElevenLabs – Generación de voz con IA; audio realista; cookies de por vida
4. Pictory – Creación de video con IA; 30% recurrente (PartnerStack)
5. Synthesia – Videos con avatares de IA; atractivo corporativo; comisiones altas
6. Writesonic – Escritura, chatbots e imágenes; plan gratuito fuerte; 30% recurrente
7. Murf.ai – Voces con IA; funciones empresariales; paga comisiones
8. InVideo – Editor de video con IA; creación rápida; alta demanda
9. GoHighLevel – CRM todo-en-uno con IA; comisiones recurrentes elevadas
10. Surfer SEO – Planificador de contenido con IA para SEO; ideal para bloggers

11. Canva – Diseño gráfico con IA; alcance global; amigable para afiliados
12. AppSumo – Marketplace con ofertas de por vida en herramientas de IA; paga comisiones

Al elegir qué herramientas promocionar, considera primero tu audiencia. Si son creadores de contenido, enfócate en herramientas de video, voz y edición. Si son bloggers o marketers, prioriza escritura y SEO. Si son educadores o entrenadores, busca herramientas de voz, generación de diapositivas o presentaciones con IA. Cuanto mayor sea la alineación entre audiencia y herramienta, mayores serán tus conversiones y la retención.

Finalmente, construye relaciones a largo plazo con las plataformas. Suscríbete a sus boletines para afiliados. Solicita acceso anticipado a promociones o nuevas funciones. Algunas empresas ofrecen códigos exclusivos o mayores porcentajes si generas volumen. Y recuerda: el mercado de la IA está creciendo rápidamente. Mantén tu contenido actualizado, reemplaza enlaces que no funcionen y mantente a la vanguardia. Tus ingresos seguirán esa evolución.

Las herramientas correctas — combinadas con contenido auténtico y promoción constante — son la base de una estrategia de afiliados sólida. En el próximo capítulo, hablaremos sobre cómo construir tu primer embudo de afiliados para convertir visitantes curiosos en clientes recurrentes.

El siguiente paso de Santiago

Santiago era un diseñador gráfico que vivía en Medellín, Colombia, y le encantaba experimentar con nuevas herramientas. Cada vez que salía un nuevo software, era el primero en su grupo creativo en probarlo. Sin embargo, a pesar de su talento, luchaba por mantener ingresos constantes. Los trabajos freelance iban y venían. Los clientes pagaban tarde. Las cuentas no. Empezó a buscar una fuente de ingresos adicional que no lo agotara.

Una tarde, mientras veía un tutorial en YouTube sobre prompts de Midjourney, notó que el creador incluía un enlace que decía: "Prueba Midjourney + AI Bundles." Santiago hizo clic y llegó a un blog que comparaba varias herramientas, cada una con su enlace de afiliado. Se dio cuenta de que el blogger ganaba comisiones por cada herramienta mencionada – herramientas que él ya usaba todos los días.

Eso encendió una idea. ¿Y si podía convertir su conocimiento en contenido que le pagara? Hizo una lista de todas las herramientas que usaba: Canva, Midjourney, Looka y Leonardo.ai. Revisó cuáles tenían programa de afiliados. Canva y Looka sí. Midjourney aún no, pero podía promocionar bibliotecas de prompts y herramientas complementarias. Esa noche se registró en cuatro programas.

En lugar de crear un sitio enorme, se enfocó en contenido visual. Grabó reels mostrando cómo usaba las funciones de IA de Canva para crear logos en menos de cinco minutos. Hizo carruseles explicando cómo usar Leonardo.ai para diseñar personajes estilizados. Creó una lista en YouTube llamada "Herramientas de IA Gratuitas que Uso como Diseñador" con enlaces de afiliado en la descripción.

La diferencia fue que contaba historias. No decía "Usa esta herramienta para ganar dinero." Decía: "Mira cómo convertí un simple prompt en cinco diseños pagados." O "Observa cómo rebranding una panadería en 15 minutos usando Canva y Midjourney." Las herramientas no eran el héroe — los resultados sí.

Los mensajes comenzaron a llegar. "¿Qué plan usas en Canva Pro?" "¿Puedes compartir esa plantilla?" "¿Dónde me registro?" Cada pregunta era una oportunidad. Respondía con valor, un consejo personal y su enlace. Sin presión. Con generosidad.

Al final del segundo mes había ganado más de $300 en comisiones. La mayoría provenía de Canva y Looka. Lo mejor era la constancia. Muchos usuarios seguían suscritos, generando ingresos mes tras mes.

Luego amplió su enfoque. Agregó Pictory después de verlo en el flujo de trabajo de otro diseñador. Probó InVideo y creó tutoriales animando portafolios sin conocimientos de edición. Agrupó herramientas en artículos como "Las 5 Mejores Herramientas de IA para Diseñadores Freelance."

Santiago nunca se llamó a sí mismo afiliado. Se veía como creador. Pero su cuenta bancaria decía otra cosa. Ahora generaba entre $600 y $800 mensuales en ingresos recurrentes.

A medida que creció su reputación, empresas de IA comenzaron a contactarlo ofreciendo acceso beta y mejores tasas. Pero él mantuvo su regla: solo promocionar lo que realmente usa y en lo que cree. Sabía que una mala recomendación rompe confianza, y una buena la construye a largo plazo.

Hoy empieza cada mes con tranquilidad. Sin importar el trabajo freelance, sabe que tiene una base de ingresos fluyendo gracias al contenido que ya creó. Construyó un motor digital impulsado por autenticidad y automatización.

Y todo comenzó con la curiosidad de un diseñador — y algunos enlaces en una descripción.

Capítulo 4: Construyendo un Embudo de Afiliados que Convierta

Si quieres generar ingresos constantes y escalables con programas de afiliados de IA, necesitas más que simples enlaces de afiliado — necesitas un sistema de conversión. Este sistema se conoce como embudo (funnel), y es la diferencia entre ganar $50 una sola vez y ganar $5,000 o más cada mes. Un embudo es simplemente el proceso por el que guías a una persona — desde que descubre la herramienta, hasta que aprende sobre ella, hace clic en tu enlace y finalmente se suscribe o compra. Sin un embudo claro, incluso las mejores herramientas de IA y los programas con altas comisiones no convertirán.

Un embudo de afiliados exitoso tiene tres partes principales: tráfico, valor y conversión.

Primero necesitas tráfico — personas que estén expuestas a tu contenido. Esto puede venir de redes sociales, motores de búsqueda, newsletters por email o plataformas de video como YouTube. Pero el tráfico por sí solo no significa nada sin valor. El valor es lo que genera confianza y mantiene la atención. Das valor educando, entreteniendo o resolviendo un problema. Finalmente, la conversión ocurre cuando alguien toma acción — generalmente haciendo clic en tu enlace de afiliado y registrándose en la herramienta. Tu trabajo es optimizar cada una de estas etapas para que las personas avancen por tu embudo sin fricción.

Desglosemos cada parte.

La parte superior del embudo es donde las personas te descubren por primera vez.
Puede ser un tutorial en TikTok, un video en YouTube, un artículo en blog, un tweet o un carrusel en Instagram. La clave aquí es la intención. El contenido viral al azar no sirve si no atrae a personas realmente interesadas en herramientas de IA. Por eso el contenido de nicho funciona mejor — "Cómo uso IA para escribir correos a clientes más rápido" tendrá mejor rendimiento que "¡Video loco de IA!" porque atrae a personas que ya están buscando soluciones. Plataformas como YouTube y Google son ideales porque las personas llegan con intención clara de aprender o resolver algo.

La parte media del embudo es donde construyes confianza y entregas valor.
Aquí suele entrar contenido más profundo: tutoriales detallados, comparaciones, mini-guías o incluso una descarga gratuita. En esta etapa, tu audiencia está interesada pero aún no convencida. Necesitan entender qué hace la herramienta, cómo resuelve su problema y por qué deberían confiar en tu

recomendación. El contenido educativo es clave. Muestra tu caso de uso favorito. Explica los resultados que obtuviste. Comparte ventajas y desventajas. Usa capturas de pantalla, demostraciones en vivo o comparaciones antes y después. E incluye tu enlace de afiliado de manera natural — al inicio, en medio y al final.

La parte inferior del embudo es donde ocurre la conversión. Puede ser tu página de aterrizaje, tu secuencia de emails automatizada o tu página de reseña del producto. Aquí tu objetivo es eliminar las últimas barreras para que la persona actúe. Ofrece bonos o incentivos — por ejemplo: "Regístrate con mi enlace y recibe gratis mi paquete de plantillas de IA." Responde objeciones como "¿Vale la pena?" o "¿Funcionará para mí?" Incluye testimonios o capturas de tus propios resultados. Haz que la decisión sea sencilla. Un llamado a la acción claro es esencial: "Haz clic abajo para probarlo gratis durante 14 días — sin tarjeta de crédito."

Para construir tu embudo de afiliado, necesitarás algunas herramientas gratuitas o de bajo costo.
Primero, configura una herramienta de enlace en bio como Linktree, Solo.to o Taplink para organizar todos tus enlaces en un solo lugar. Luego usa un creador de páginas como Carrd, Systeme.io o ConvertKit para ofrecer un recurso gratuito a cambio del email. Después configura una automatización de

correo que envíe mensajes con valor que eduquen y recuerden a las personas registrarse con tu enlace. Esto convierte visitantes casuales en compradores recurrentes.

Una estrategia muy efectiva es el modelo de "guía gratuita o mini-curso".
Creas un checklist descargable, un PDF o un mini-curso por email — por ejemplo: "5 Herramientas de IA que Me Ahorraron 20 Horas Este Mes." Cuando alguien se registra, recibe la guía y luego 3 a 5 correos donde explicas cada herramienta con más profundidad. Cada email incluye tu enlace de afiliado. Este modelo convierte muy bien porque construye confianza con el tiempo y ofrece educación estructurada.

No olvides el método de bonos.
Ofrece valor adicional para que usen tu enlace en lugar del de otra persona. Si promocionas Jasper, puedes ofrecer tu biblioteca de prompts personalizados. Si promocionas una herramienta de video con IA, puedes ofrecer un calendario de contenido o una fórmula de guion. Los bonos te diferencian y hacen que tu embudo sea una situación ganar-ganar.

Las métricas son fundamentales.
Usa Pretty Links, Bitly o Google Analytics para rastrear de dónde vienen tus clics. Si tus blogs generan 60% de tus clics y

tus historias de Instagram solo 5%, sabrás dónde enfocarte. Revisa también las conversiones en tu panel de afiliado. Con el tiempo, los datos te permitirán optimizar tu embudo.

En resumen, un embudo ganador:

- Atrae tráfico con intención mediante contenido educativo y de nicho
- Entrega valor con tutoriales, demostraciones y casos reales
- Convierte con bonos, emails de seguimiento y llamados claros a la acción
- Utiliza herramientas simples como landing pages y automatización
- Se optimiza con análisis y pruebas

No necesitas ser un experto en marketing para crear un embudo que convierta. Solo necesitas estrategia, utilidad y constancia. Y cuando tu embudo está funcionando, trabaja en segundo plano — generando prospectos y comisiones incluso mientras duermes.

En el próximo capítulo veremos cómo crear contenido que atraiga compradores, construya autoridad y haga que las personas regresen por más.

Cómo Fátima Construyó un Embudo de Afiliados que Convierte

Fátima nunca se consideró una "vendedora". De hecho, evitó vender durante gran parte de su vida. Pero todo cambió cuando entendió que no necesitaba vender — solo necesitaba ayudar. Desde El Cairo, comenzó un canal de YouTube enseñando en árabe cómo usar herramientas de IA. Era pequeño, con pocos cientos de suscriptores, pero notó algo interesante: cada vez que mostraba algo útil, la gente veía el video hasta el final. Cuando mencionaba un enlace de forma casual, la gente hacía clic. Y cuando explicaba paso a paso, regresaban.

Ya estaba registrada en los programas de afiliados de Jasper, Pictory y ElevenLabs, pero no veía resultados hasta que creó su primer verdadero embudo. Todo empezó con un video titulado: "3 Herramientas de IA que Uso para Ahorrar 10 Horas a la Semana." No intentó hacerlo viral. Fue clara y práctica. Mostró cómo usaba Jasper para escribir introducciones de blog, Pictory para convertirlas en video y ElevenLabs para crear la narración. Compartió pantalla y lo mantuvo en menos de seis minutos. En la descripción, agregó un enlace hacia una landing page sencilla titulada: "Descarga Gratis Mi Plantilla de Flujo de Trabajo con IA."

La página, creada con Carrd, ofrecía un PDF descargable con instrucciones paso a paso del mismo proceso mostrado en el video. Para acceder, los usuarios ingresaban su email. Al hacerlo, entraban a su lista en ConvertKit y recibían el PDF de inmediato. Pero ahí no terminaba todo.

Durante los siguientes cinco días, recibían emails cortos y llenos de valor.
Día 1: presentación y enlaces a cada herramienta.
Día 2: por qué prefería Jasper frente a otras opciones.
Día 3: un error común usando Pictory.
Día 4: bono — si se registraban en ElevenLabs con su enlace, les enviaba plantillas de voz en árabe.
Día 5: invitación a responder con preguntas.

Cada correo incluía enlaces de afiliado integrados de forma natural. No había presión — solo guía.

Los resultados la sorprendieron.
Su tasa de registro fue 48%.
Un 20% hizo clic en sus enlaces.
Y cada semana sus comisiones crecían, incluso sin subir nuevos videos.

Fátima entendió que el embudo marcaba la diferencia. Antes solo agregaba enlaces esperando clics. Ahora guiaba paso a paso desde el problema hasta la solución. Su contenido atraía.

Su guía ayudaba. Sus emails tranquilizaban. Sus bonos empujaban suavemente hacia la acción.

Con el tiempo optimizó el embudo.
Agregó testimonios.
Probó distintos títulos.
Tradujo su embudo al francés y urdu.

Al sexto mes, ganaba más de $1,000 al mes en comisiones automatizadas. Lo que empezó como un pequeño proyecto se convirtió en una fuente de ingresos predecible.

Y lo mejor: su audiencia no sentía que les vendía. Se sentían acompañados y empoderados.

Fátima aún no se ve como vendedora. Pero cuando le preguntan qué hace, sonríe y dice:

“Les enseño a usar herramientas de IA. Y si les gustan, me pagan.”

Ese es un embudo — y una vida — que funciona.

Capítulo 5: Creando Contenido que Atrae Compradores

El marketing de afiliados no funciona sin contenido. Y no cualquier contenido — debe ser contenido que atraiga compradores, no solo curiosos. Si quieres ganar comisiones de forma constante, necesitas crear contenido que genere confianza, demuestre valor y motive a la acción. En este capítulo aprenderás cómo diseñar contenido que convierta, incluso si no eres un profesional del marketing ni un experto en edición de video.

Lo primero que debes entender es que tu contenido es tu vendedor — pero a diferencia de un vendedor insistente, trabaja 24/7 sin presionar a nadie. Un buen artículo, video o email puede educar, convencer y cerrar la venta sin que tú estés presente. Así que la pregunta no es "¿Debo crear contenido?" sino "¿Qué tipo de contenido convierte mejor para ventas de afiliados?"

Existen cinco tipos de contenido que convierten de forma consistente:

1. Tutoriales y guías paso a paso
2. Comparaciones de productos
3. Estudios de caso y resultados reales

4. Listas y recopilaciones (listicles)
5. Contenido detrás de cámaras o desgloses de flujo de trabajo

Todos tienen el mismo objetivo: mover a alguien de “curioso” a “comprometido”.

Los tutoriales son el formato más poderoso para herramientas de IA porque muestran exactamente cómo usar el software. Un video como “Cómo convertir un blog en video con Pictory” demuestra un caso real, entrega valor inmediato y justifica incluir tu enlace de afiliado de forma natural. Cuando alguien ve la herramienta resolviendo su problema, es mucho más probable que se registre.

Las comparaciones son clave en mercados saturados. Títulos como “Jasper vs Copy.ai” o “Pictory vs InVideo” atraen tráfico con alta intención de compra. La persona ya quiere adquirir algo; solo necesita ayuda para decidir. Sé honesto, muestra ventajas y desventajas, y posiciona tu enlace como una recomendación confiable.

Los estudios de caso son extremadamente efectivos. Documenta resultados reales. Ejemplos como “Cómo escribí 5 blogs en un día con Jasper” o “Cómo generé $500 en comisiones con una sola herramienta de IA” generan credibilidad. Incluye capturas de pantalla, comparaciones de tiempo y aprendizajes. Esto hace que el software se perciba alcanzable y práctico.

Las listas funcionan muy bien porque ofrecen múltiples opciones. "7 Herramientas de IA que Todo Emprendedor Debe Probar" o "5 Herramientas de IA Gratuitas para Aumentar tu Productividad" permiten incluir varios enlaces en una sola pieza. Son ideales para blogs, YouTube y redes como Pinterest, LinkedIn o X.

El contenido detrás de cámaras está creciendo mucho en Reels, TikTok y Shorts. Ejemplos: "Mira cómo convierto una nota de voz en podcast usando IA" o "Mi flujo de contenido con IA por $0". Mostrar tu pantalla y narrar tu proceso genera cercanía. Muchas veces las personas preguntan en comentarios "¿Qué herramienta usaste?" — y ahí incluyes tu enlace.

Ahora hablemos de plataformas. El contenido con mejor rendimiento suele estar en plataformas con intención de búsqueda como YouTube, Google (blogs) y Pinterest. Allí las personas buscan soluciones específicas. El contenido puede generar visitas durante meses o años. Plataformas rápidas como TikTok e Instagram son excelentes para alcance y visibilidad. Lo ideal es combinar ambas: contenido corto para atraer atención y contenido largo para convertir.

Puedes usar marcos de contenido como:

Antes / Después / Puente – Muestra el problema, el resultado y cómo lograrlo
Problema / Agitar / Solucionar – Expón el dolor y luego presenta la herramienta
Guía paso a paso – Divide el proceso en acciones claras

No necesitas perfección. Muchos creadores exitosos comenzaron con micrófonos básicos y cámaras de teléfono. Lo que realmente importa es claridad, constancia y autenticidad. Las personas quieren confiar en ti, no admirar tu estudio profesional.

Incluye llamados claros a la acción:

"He dejado el enlace en la descripción para probarlo gratis."
"Si quieres los mismos resultados, regístrate con mi enlace."
"También agregué una guía gratuita para que lo sigas paso a paso."

En blogs y emails, coloca el enlace al inicio, en medio y al final. Usa botones o texto destacado.

La consistencia es fundamental. Un video no cambiará tu vida. Pero 10 videos útiles, 20 blogs o 30 correos optimizados sí crean un sistema. Con el tiempo, tu contenido se convierte en activos digitales que generan comisiones mientras trabajas en otras cosas.

Los compradores no quieren que les vendan — quieren que los guíen. Tu contenido es el puente entre su problema y la solución. Si construyes confianza y resuelves problemas reales, las comisiones llegarán.

En el próximo capítulo veremos estrategias específicas para YouTube, Instagram y SEO para llevar más tráfico a tu contenido.

La historia de Theo

Hace seis meses nadie sabía quién era Theo. Era un estudiante universitario en Filipinas, reservado y curioso, que pasaba su tiempo probando herramientas de IA por diversión. No tenía audiencia ni experiencia en YouTube. Pero un día vio a un creador mostrar sus ingresos de afiliado generados con un simple blog que reseñaba herramientas de IA. No era famoso. Pero ganaba ingresos constantes explicando software que Theo ya usaba todos los días. Ese fue el punto de inflexión.

Theo creó un blog sencillo en Medium. Su primer artículo se llamó: "5 Herramientas de IA que Me Ayudaron a Terminar el Semestre Sin Volverme Loco." Fue honesto. Explicó cómo usó Jasper para redactar ensayos, Pictory para convertir investigaciones en resúmenes en video y ElevenLabs para convertir notas en audio. Agregó sus enlaces de afiliado.

En la primera semana obtuvo 17 visitas. Pero una persona hizo clic y se registró. Luego otra. Su segundo artículo fue un tutorial detallado: "Cómo Escribí un Ensayo de 2,000 Palabras en 30 Minutos con IA." Añadió capturas y pasos claros. Lo compartió en un grupo de estudiantes en Facebook. Fue compartido 32 veces. Las comisiones comenzaron a aparecer: $9, luego $18.

Animado, probó YouTube. Grabó su pantalla explicando el proceso. Sin cámara. Sin edición avanzada. En la descripción colocó sus enlaces y un llamado a la acción. El video comenzó a posicionarse en búsquedas como "cómo escribir ensayos con IA." Funcionó. La gente miraba y se registraba.

Luego probó contenido tipo lista: "Top 3 Herramientas de IA para Estudiantes Ocupados." Funcionó aún mejor. Entendió que los estudiantes querían soluciones rápidas. Así que creó más contenido práctico sobre estudiar, resumir y crear presentaciones.

Su canal creció a 500 suscriptores. Su blog alcanzó 1,000 visitas semanales. Creó una guía descargable llamada "Kit de IA para Estudiantes" y comenzó a capturar correos electrónicos. Enviaba emails con tutoriales y enlaces.

Lo que hizo que Theo tuviera éxito no fue la técnica, sino el tono. No sonaba como vendedor. Sonaba como un amigo compartiendo algo útil. Sus comentarios se llenaron de agradecimientos. No era famoso, pero era confiable.

Hoy Theo gana entre $700 y $900 al mes en comisiones de afiliado. Todo comenzó con contenido simple, claro y útil. Reinvierte parte de ese dinero en mejorar su equipo y probar nuevas herramientas.

Su historia demuestra que no necesitas ser experto en marketing. Solo necesitas explicar bien, resolver problemas y mostrar tu proceso. Cada pieza de contenido que publiques es un activo que puede seguir generando ingresos mucho después de haberlo creado.

Capítulo 6: Estrategias para YouTube, Instagram y SEO

Una vez que sabes qué promocionar y cómo construir un embudo de afiliados basado en contenido, el siguiente paso es dominar la distribución. No basta con crear buen contenido — necesitas que la gente lo encuentre. Ahí es donde entran YouTube, **Instagram** y el **SEO**. Estas plataformas son las más efectivas para generar tráfico constante y de alta conversión hacia tus enlaces de afiliado. Cada una tiene sus fortalezas, y en este capítulo aprenderás cómo usar las tres para escalar tu alcance, autoridad e ingresos.

Comencemos con **YouTube** — el motor de búsqueda número uno para contenido en video. YouTube es ideal para afiliados de herramientas de IA porque las personas lo usan para aprender a utilizar software. Eso significa que ya tienen alta intención. Los tutoriales, reseñas, comparaciones y demostraciones funcionan extremadamente bien. Un video bien optimizado puede generar tráfico y comisiones durante años.

Empieza identificando palabras clave que tu audiencia ya está buscando, como:
"Mejor herramienta de escritura con IA"

"Cómo usar ElevenLabs"
"Pictory vs InVideo"

Puedes usar herramientas gratuitas como TubeBuddy o VidIQ para investigar títulos y etiquetas.

Al crear tu video, mantenlo simple. Usa grabación de pantalla con **Loom**, **OBS** o **ScreenPal** para mostrar tu proceso. Narra lo que haces. Puedes mostrar tu rostro si quieres, pero no es obligatorio. Lo importante es entregar valor rápidamente. Idealmente, tu video debe incluir:

Un problema
La solución usando la herramienta
Un llamado claro a la acción

Por ejemplo: "Prueba esta herramienta con el enlace en la descripción."

Repite el llamado a la acción al inicio y al final. En la descripción, incluye tu enlace con contexto:
"Regístrate para una prueba gratuita aquí."

También fija un comentario con tu enlace y un breve resumen del tutorial. Agrega timestamps para mejorar la retención. Optimiza la miniatura con un beneficio claro:
"Crea Shorts en 2 Minutos con IA."

No necesitas miles de seguidores. Un video con 1,000 vistas y una conversión del 2% puede generar decenas de registros.

Ahora pasemos a Instagram. Esta plataforma es perfecta para impacto visual y emocional. Mientras YouTube funciona mejor para educación larga, Instagram destaca en contenido corto: Reels y carruseles.

En Instagram, tu objetivo es despertar curiosidad y provocar acción.

Tres tipos de contenido funcionan mejor:

- Micro-tutoriales
- Detrás de cámaras
- Resultados personales

Ejemplo de Reel:
"Mi flujo de contenido con IA en 20 segundos."

Al final, texto en pantalla:
"Enlace en la bio."

Los carruseles funcionan excelente para comparaciones y listas:
"Top 5 Herramientas de IA para Negocios"
"3 Herramientas de IA que Uso a Diario"

Coloca tus enlaces en la bio usando Linktree, Solo.to o Stan Store. Alterna llamados a la acción en historias y publicaciones. Muestra siempre la herramienta funcionando. Las personas quieren ver el proceso.

Usa hashtags relevantes como:
#AITools
#Automatización
#IngresosDigitales
#AIAffiliate

Responde comentarios y mensajes. A medida que aumenta la interacción, el algoritmo mostrará tu contenido a más personas similares. Tu enlace en bio trabaja 24/7.

Ahora hablemos del juego a largo plazo: SEO.

Los blogs optimizados para Google son bienes raíces digitales. Funcionan en segundo plano, atrayendo visitantes que ya están buscando soluciones. Eso significa conversiones más altas.

Elige palabras clave con intención clara, como:
"mejor generador de voz con IA"
"reseña de Jasper AI"
"tutorial de Pictory"

Usa herramientas como Ubersuggest, Google Trends o AnswerThePublic para investigar preguntas reales.

Tu artículo debe incluir:

✓ Título atractivo
✓ Introducción que conecte con el problema
✓ Explicación clara del problema
✓ Presentación de la herramienta como solución
✓ Guía paso a paso
✓ Enlaces de afiliado integrados naturalmente
✓ Llamado a la acción claro al final

Agrega imágenes o capturas de pantalla para aumentar retención. Puedes usar WordPress, Medium o Notion con dominio propio.

Publica 1–2 artículos optimizados por semana y actualízalos periódicamente.

Interconecta tus artículos ("Lee mi tutorial completo aquí"). Registra tu sitio en Google Search Console para indexación. Los artículos tipo lista como "Top 10 Herramientas de IA en 2025" permiten incluir múltiples enlaces en un solo post.

La magia del SEO es que el trabajo se acumula. Un artículo puede generar ingresos durante años.

La estrategia más poderosa es combinar las tres plataformas:

YouTube para contenido evergreen
Instagram para interacción diaria
SEO para tráfico pasivo a largo plazo

Una persona puede verte en Instagram, visitar tu blog y luego ver tu tutorial en YouTube antes de comprar. Más puntos de contacto = más confianza = más conversiones.

En resumen:

YouTube para tutoriales y comparaciones
Instagram para Reels y engagement
SEO para tráfico de búsqueda pasivo
Siempre incluir llamados claros a la acción
Consistencia + claridad = resultados acumulativos

En el próximo capítulo veremos cómo usar email marketing para automatizar seguimiento y aumentar ventas de afiliado mientras duermes.

El viaje de Maya

Maya nunca pensó que ganaría comisiones promocionando herramientas tecnológicas. Era copywriter freelance en Nairobi y le encantaba simplificar ideas complejas. Cuando herramientas como Jasper y Copy.ai empezaron a hacerse populares, las probó para escribir más rápido. No quería vender nada — solo quería eficiencia. Pero pronto entendió que la gente no solo quería herramientas — quería explicación.

Comenzó con YouTube. Videos simples, grabación de pantalla y micrófono básico. Su primer video:
"Cómo escribo correos para clientes en 5 minutos con Jasper."

Solo 237 vistas el primer mes. Pero tres personas se registraron con su enlace — y permanecieron suscritas.

Luego pasó a Instagram. No hacía bailes. Hacía micro-tutoriales rápidos con texto:
"Herramienta de IA que convierte blogs en videos."

Uno de sus carruseles:
"Top 5 Herramientas de IA para Escritores"
tuvo más de 1,000 guardados.

La gente le enviaba mensajes preguntando cuál recomendar. Respondía con consejos personalizados y su enlace en la bio. Con autenticidad.

Pero la gran sorpresa fue su blog. Publicó en Medium:
"Cómo ahorré 20 horas este mes con IA."

Incluyó herramientas con reseñas breves y enlaces. Ese artículo generó $216 en 30 días.

Entonces entendió el poder del SEO.

Creó un blog en WordPress y comenzó a publicar un artículo optimizado por semana:
"Jasper vs Copy.ai para Freelancers"
"Top Herramientas de IA para Solopreneurs en 2025"

Incluía capturas, palabras clave y enlaces naturales. Su tráfico era pequeño pero altamente intencional. Convertía.

Su éxito no vino por volumen, sino por consistencia. Cada semana:

1 Reel
1 artículo SEO
1 video en YouTube

Algunos contenidos fallaron. Otros crecieron lentamente. Pero con el tiempo, todo se acumuló.

Al octavo mes, Maya ganaba más con afiliados que con clientes freelance. Sin anuncios pagados. Solo contenido, educación y estar unos pasos adelante de su audiencia.

Hoy enseña a otros a crear sistemas basados en confianza. Su fórmula:

Enseña
Muestra

Comparte

Repite

Y si una herramienta realmente ayuda, incluye tu enlace.

Así se construye confianza.

Así crecen las comisiones.

Capítulo 7: Automatizando Comisiones con Email Marketing

Si el contenido es el motor que impulsa los ingresos de afiliado, el email marketing es el combustible que mantiene ese motor funcionando mucho después de que tu contenido se publica. El email no es solo para newsletters — es una de las herramientas más poderosas para convertir clics en conversiones y visitantes ocasionales en compradores recurrentes. Con una secuencia de correos bien estructurada, puedes automatizar educación, construir confianza y promocionar múltiples herramientas de IA — incluso mientras duermes.

El poder del email está en la propiedad. Las redes sociales pueden cambiar algoritmos, reducir tu alcance o incluso cerrar cuentas. Pero tu lista de correos es tuya. Cuando alguien te da su email, tienes una línea directa de comunicación que ninguna plataforma puede quitarte. Por eso construir tu lista desde el inicio — aunque sea pequeña — te da ventaja. Cada suscriptor es una posible comisión, testimonio o cliente a largo plazo.

¿Cómo empiezas?

Primero necesitas un lead magnet — un recurso gratuito que resuelva un problema específico y motive a las personas a suscribirse. Para herramientas de IA, algunos ejemplos efectivos son:

- Checklist: "Top 5 Herramientas de IA para Creadores de Cursos"
- Mini-curso: "Aprende Automatización de Contenido con IA en 3 Días"
- Guía práctica: "Mi Rutina Diaria con IA para Generar Ingresos Pasivos"

Crea tu lead magnet una sola vez y luego configura una landing page usando herramientas como Systeme.io, ConvertKit, Carrd o MailerLite. Coloca el enlace de suscripción en tus descripciones de YouTube, bio de Instagram, artículos de blog y cualquier lugar donde generes tráfico.

Una vez que alguien se suscribe, debe recibir una secuencia automática de bienvenida. Idealmente entre 3 y 7 correos.

Ejemplo de estructura:

Email 1: Entrega + Agradecimiento
"Aquí tienes tu guía gratuita. En los próximos días te mostraré cómo usar estas herramientas para ahorrar tiempo y hacer crecer tu negocio."

Email 2: Profundización en Herramienta #1
Explica tu herramienta favorita y cómo la usas diariamente. Incluye ejemplos y tu enlace de afiliado.

Email 3: Historia de Resultados
Comparte una experiencia personal o un testimonio. Incluye nuevamente la herramienta utilizada.

Email 4: Comparación o Bono
Compara dos herramientas o ofrece un bono si se registran con tu enlace.

Email 5: Recordatorio + Llamado a la Acción
Resume beneficios y anima a actuar ahora.

Cada email debe sentirse personal y útil. No debe sonar como discurso de ventas. El tono debe ser: "Esto me funcionó a mí, y creo que puede ayudarte también." Usa párrafos cortos, destaca frases importantes y enfócate en un solo llamado a la acción por correo.

Para mejorar resultados, segmenta tu audiencia. Si alguien descarga una guía sobre "IA para Creadores de Contenido", no le envíes herramientas para agentes inmobiliarios. El contenido relevante aumenta clics y conversiones. La mayoría de las plataformas permiten etiquetar suscriptores según interés.

Además de secuencias automatizadas, envía correos semanales breves. Ejemplos:

- Herramienta de la Semana
- Nuevo Consejo de IA
- Cómo Usé IA Hoy

Esto mantiene tu lista activa y preparada para nuevas promociones.

También puedes usar micro-secuencias. Si alguien hace clic en información sobre Pictory, etiquétalo y envíale una serie de 3 días enfocada en automatización de video. Si no convierte, luego puedes enviar una alternativa. Esto mantiene el contenido dinámico y personalizado.

Métricas clave a monitorear:

- Tasa de apertura: 30–50%
- Tasa de clics: 5–15%
- Tasa de conversión: 2–3% ya es excelente
- Cancelaciones: menos del 1% por correo

Si las aperturas son bajas, prueba nuevos asuntos. Si los clics son bajos, ajusta estructura y ubicación del CTA. Si las conversiones son bajas, revisa la oferta o la página de destino.

El email marketing no es solo colocar enlaces — es liderazgo. Tus suscriptores buscan guía. Si consistentemente les ayudas a ahorrar tiempo, ganar dinero o aprender algo útil, confiarán en tus recomendaciones.

Una buena secuencia puede funcionar durante años. La construyes una vez y luego trabaja en automático mientras tú sigues creando contenido y creciendo tu tráfico.

En el siguiente capítulo veremos cómo revender herramientas de IA como socio white label y convertir tu negocio de afiliado en un modelo más cercano a agencia digital.

La historia de Jonah

Jonah no se consideraba experto en tecnología. Era dueño de un gimnasio en Atlanta que cerró durante la pandemia. Sin ingresos, comenzó a explorar marketing de afiliados. Probó recomendando productos fitness, pero cuando descubrió un video titulado “Gana ingresos recurrentes promocionando herramientas de IA”, algo hizo clic. No era técnico, pero sabía explicar cosas de manera simple.

Comenzó en Instagram mostrando cómo usaba Jasper para escribir planes de entrenamiento y Pictory para crear clips de ejercicios. Empezó a generar pequeñas comisiones. Pero eran inconsistentes. Algunas semanas ganaba $200, otras $40. Eso lo frustraba.

En un grupo de Facebook alguien le dijo: "Necesitas email."

Jonah creó un recurso gratuito:
"5 Herramientas de IA que Me Ayudaron a Reconstruir Mi Negocio."

Era un PDF simple con nombres de herramientas y enlaces. Usando Systeme.io creó una landing page básica y la colocó en su bio. En una semana 43 personas se registraron.

No sabía qué enviar después, así que escribió como si hablara en persona.

Primer correo:
"Hola, soy Jonah. Gracias por descargar la guía. Estas herramientas cambiaron mi vida. En los próximos días te mostraré cómo usarlas."

Incluyó un botón:
"Prueba Jasper Gratis Aquí."

En los siguientes correos explicó cómo usaba Pictory para crear contenido y cómo ChatGPT le ayudaba a generar leads. No intentó vender — simplemente compartía su experiencia.

La respuesta fue sorprendente.
La gente abría los correos. Respondía. Hacía clic.

En dos semanas generó $384 en comisiones. Lo más importante: era constante.

Cada nuevo suscriptor recibía la misma secuencia. Cada correo actuaba como vendedor automático.

Luego mejoró su sistema. Agregó un bono:
"Regístrate con mi enlace y te envío mi biblioteca de prompts."

Segmentó su lista según interés. Sus conversiones aumentaron.

Para el cuarto mes tenía más de 2,000 suscriptores. Incluso si dejaba de publicar, seguía generando entre $600 y $1,200 mensuales. En su mejor mes, un solo correo sobre descuento limitado de Jasper generó $1,007 en 72 horas.

No creó nada nuevo — solo escribió un correo honesto a personas que confiaban en él.

Jonah pasó de ingresos impredecibles a un sistema semi-pasivo al automatizar confianza.

Sus correos no eran agresivos. Eran historias, resultados y consejos. Siempre respondía personalmente. Su audiencia lo respetaba por eso.

El email marketing no solo automatizó sus comisiones. Le dio tranquilidad.

Ahora cada nuevo suscriptor no es solo un número – es una relación basada en valor y honestidad.

Y eso es lo que convierte clics en ingresos sostenibles.

Capítulo 8: Cómo Revender Herramientas de IA como Socio White Label

Mientras que el marketing de afiliados es una forma poderosa de generar ingresos pasivos promocionando herramientas de IA existentes, existe una estrategia de nivel superior que te da más control, más marca y significativamente más ganancias: el modelo white label (marca blanca). Este modelo te permite revender software de IA como si fuera tu propia herramienta — muchas veces con las mismas funciones y tecnología interna — pero bajo tu propio nombre, logotipo y modelo de precios. Es la transición de simplemente recomendar herramientas a ser dueño de la relación con el cliente.

¿Qué es exactamente el white label?

Un producto white label es desarrollado por una empresa y rebrandeado y vendido por otra. En el mundo de la IA, esto incluye chatbots, generadores de contenido, plataformas de generación de leads o sistemas CRM automatizados. En lugar de crear software desde cero, licencias la tecnología principal, aplicas tu marca y cobras directamente a tus clientes. Tú te quedas con la diferencia entre lo que pagas al proveedor y lo que cobras — generalmente bajo un modelo de ingresos recurrentes.

El mayor beneficio del white label es el margen de ganancia. Como afiliado, podrías ganar 30% de una suscripción mensual de $50 — es decir, $15 al mes por usuario. Pero con una versión white label, podrías cobrar $49 al mes y quedarte con $39–$45 dependiendo del acuerdo. A largo plazo, esto eleva significativamente tu techo de ingresos. Además, tienes control total sobre la experiencia del cliente, los upsells, bonos y estructura de precios.

Cómo empezar

Primero necesitas encontrar una herramienta de IA que ofrezca plan white label o de revendedor. Algunas plataformas populares incluyen:

1. GoHighLevel – Plataforma todo-en-uno de automatización y CRM con integraciones de IA, muy usada por agencias digitales.
2. Chatbase – Permite crear chatbots entrenados con datos personalizados y ofrece versión con marca propia.
3. Writesonic (Botsonic) – Constructor de chatbots y herramientas de copywriting con opciones de branding.
4. Tidio o ManyChat – Chatbots y automatización de atención al cliente con opciones para revendedores.

5. Creaitor.ai o CopyPro.ai – Generadores de contenido que pueden revenderse bajo tu marca.
6. Durable.co – Constructor de sitios web con IA que algunas agencias revenden como servicio.
7. CustomGPT.ai – Creación de asistentes de IA personalizados con marca propia.

Al elegir una herramienta para marca blanca, evalúa:

Demanda de mercado – ¿Resuelve un problema real para un nicho específico?
Facilidad de uso – ¿Tus clientes podrán usarla sin soporte constante?
Soporte y estabilidad – ¿La empresa ofrece buena infraestructura y atención rápida?

Normalmente pagarás una tarifa mensual como revendedor, que puede ir desde $49 hasta $497 según el plan. A cambio, obtendrás un panel donde puedes crear cuentas, aplicar tu logo y dominio, y personalizar la interfaz. Algunas plataformas permiten incluso ocultar completamente la marca original.

Cómo vender tu herramienta white label

Trátala como tu propio negocio SaaS.
Crea una landing page clara explicando:

- El problema que resuelve

- Las funciones incluidas
- Para quién es

Usa demostraciones, testimonios y pruebas gratuitas. No vendas tecnología — vende resultados. Las personas no compran "integración GPT-4"; compran escribir blogs en minutos o cerrar más clientes automáticamente.

También puedes agregar valor combinando servicios. Por ejemplo:

Si revendes un chatbot, ofrece configurarlo gratis.
Si revendes un generador de contenido, incluye plantillas exclusivas.
Si trabajas con coaches o agentes inmobiliarios, adapta el mensaje a su industria.

Cómo promocionarlo

Puedes usar las mismas estrategias que aprendiste:

Videos cortos mostrando la herramienta
Artículos comparando tu versión con otras opciones
Secuencias de email ofreciendo prueba gratuita
Anuncios pagados dirigidos a nichos específicos

Con el tiempo, este modelo te da beneficios acumulativos:

- Ingresos recurrentes
- Control total de marca
- Posibilidad de escalar hacia un imperio digital

Algunas plataformas permiten licencias multiusuario o planes para agencias, lo que te permite vender a equipos o incluso crear tu propia red de afiliados para tu herramienta white label.

En resumen, el white label te permite:

- Vender herramientas de IA bajo tu propia marca
- Quedarte con mayor parte del ingreso recurrente
- Controlar precios, bonos y experiencia del cliente
- Dirigirte mejor a nichos específicos
- Escalar de afiliado a fundador sin programar

En el próximo capítulo exploraremos cómo escalar tu negocio de afiliado y white label a seis cifras mediante alianzas, tráfico pagado y ofertas de upsell.

La historia de Leah

Leah trabajaba como freelance en Brisbane creando blogs y embudos para negocios locales. Era buena, pero el trabajo era agotador y los ingresos inestables. Quería ingresos recurrentes sin construir un software desde cero. Entonces descubrió el white label.

Todo comenzó con Chatbase. Creó un chatbot para un cliente y le encantó. El cliente preguntó: "¿Puedes hacerlo con nuestro logo?" Eso cambió todo.

Leah descubrió que Chatbase ofrecía plan white label. Pagaba una tarifa mensual y podía ofrecer la plataforma completa bajo su propia marca. Lo llamó "SmartAssistant Pro" y creó una landing page simple. No vendía un chatbot — vendía un generador de leads 24/7.

Ofreció configuración gratuita a los primeros 10 clientes y cobró $39 al mes. El software le costaba $97 al mes. Con solo tres clientes ya estaba en ganancia. En el primer mes consiguió 12.

Leah ahora era dueña de la relación con el cliente. Podía vender servicios adicionales. Su herramienta era una puerta de entrada.

Luego encontró otra herramienta de escritura con plan white label. La llamó "AutoCopy Pro" y la dirigió a coaches y creadores de cursos. Creó una secuencia de 5 emails ofreciendo prueba gratuita. En una semana consiguió cinco usuarios. El plan le costaba $49 al mes y ella cobraba $29 por usuario. En pocos días ya estaba en ganancia mensual.

Sus días cambiaron. En lugar de perseguir clientes, mejoraba onboarding y experiencia. Ofrecía servicios premium de configuración y empezó a promocionar sus herramientas en comunidades digitales.

A medida que su base creció, añadió enlaces de afiliado dentro de su panel white label. Sus clientes confiaban en sus recomendaciones. Ahora tenía doble ingreso:

Suscripciones recurrentes
Comisiones de afiliado

Seis meses después tenía más de 70 usuarios activos. Generaba más en un mes que antes en un trimestre. Contrató una asistente virtual y se enfocó en estrategia y crecimiento.

Leah no creó tecnología. No programó nada. Solo empaquetó herramientas potentes bajo una marca confiable.

Confianza + marca inteligente + automatización = libertad.

Y todo comenzó con un cliente que pidió su logo en un chatbot.

Capítulo 9: Escalando a Seis Cifras con Publicidad Pagada y Alianzas Estratégicas

Una vez que hayas validado tu embudo de afiliados o tu oferta white label, la siguiente pregunta es cómo escalarla. Ya construiste el motor — ahora es momento de echarle combustible. Hay dos formas principales de escalar a seis cifras y más allá: la publicidad pagada y las alianzas estratégicas. Si se hacen correctamente, ambos enfoques pueden desbloquear un crecimiento explosivo mientras mantienes la rentabilidad y la automatización.

Comencemos con los anuncios pagados. Aunque el crecimiento orgánico es poderoso, puede ser lento e impredecible. La publicidad pagada te da control — sobre quién ve tu contenido, cuándo y con qué frecuencia. Puedes dirigir tráfico segmentado a tus ofertas de afiliado, páginas de captura y embudos de email a gran escala y, en algunos casos, ver resultados en cuestión de horas. Pero para que funcione, debes tratar los anuncios como una inversión, no como una apuesta.

Las plataformas que mejor funcionan para promociones de afiliados y estilo SaaS son YouTube Ads, Meta Ads (Facebook e

Instagram) y Google Search Ads. Empieza identificando a tu cliente ideal — ¿son creadores de cursos, agentes inmobiliarios, dueños de pequeños negocios o freelancers digitales? Usa la segmentación de audiencias para acotar tu alcance. En Facebook Ads puedes usar intereses detallados como "email marketing", "Jasper AI" o "negocio online". En YouTube y Google puedes segmentar por palabras clave, comportamiento de búsqueda e incluso términos específicos de competidores.

En cuanto a la creatividad del anuncio, la regla de oro es valor primero. No saltes directamente a vender. Usa un video corto o un carrusel que presente un problema que tu audiencia tiene y luego insinúe la solución. Por ejemplo: "¿Aún pasas horas escribiendo artículos? Mira cómo lo hago en 3 minutos usando IA." Tu llamado a la acción (CTA) debe llevar a un lead magnet gratuito o a un video demostrativo que incluya tu enlace de afiliado o white label. Evita enviar tráfico frío directamente a páginas de registro de herramientas, a menos que la plataforma permita explícitamente enlaces de afiliado (muchas no lo hacen).

Haz seguimiento cuidadoso de tu inversión publicitaria. Empieza con un presupuesto pequeño — entre $5 y $20 por conjunto de anuncios — y prueba diferentes enfoques. Usa enlaces UTM y Google Analytics para rastrear conversiones. Si estás pagando $10 por lead y cada lead te genera $30 en valor de por vida, tienes una campaña escalable. Duplica la inversión. Pero si pagas $30 y solo ganas $10, detente y ajusta el embudo. Prueba titulares, miniaturas y CTAs constantemente. Con datos, escalar se convierte en una cuestión matemática.

Ahora hablemos de alianzas, el camino a menudo ignorado hacia un crecimiento masivo. Una alianza en este contexto significa colaborar con creadores, influencers, comunidades de nicho, dueños de newsletters o fundadores de software que ya tienen acceso a tu audiencia ideal. A diferencia de los anuncios, las alianzas pueden producir resultados sin inversión inicial — y pueden generar impulso a largo plazo.

Existen varias formas de alianzas:

- Intercambio afiliado-por-afiliado: Tú promocionas su oferta y ellos promocionan la tuya.
- Capacitaciones como invitado: Ofrece dar una mini clase o taller dentro de un grupo privado o mastermind, incluyendo tus herramientas como parte de la enseñanza.
- Menciones patrocinadas en newsletters: Paga una tarifa fija para aparecer en un boletín curado que llegue a tu público objetivo.

- Participación en bundles: Contribuye tu herramienta de IA, plantilla o entrenamiento a un paquete colaborativo a cambio de leads o exposición.
- Webinars en conjunto (JV): Organiza una capacitación en vivo con un socio y presenta tu herramienta de afiliado o white label al final, dividiendo ingresos si aplica.

Para encontrar socios, comienza con personas que ya sigues o con quienes interactúas. Busca micro-influencers (1.000–10.000 seguidores) que hablen de IA, productividad, marketing o software de nicho. Acércate aportando valor primero: "Me encantó tu video sobre automatizar flujos de contenido — ¿estarías abierto a colaborar? Tengo una herramienta sencilla de IA que a tu audiencia podría encantarle, y puedo crear un tutorial corto o un bono exclusivo para ellos."

Sé proactivo. Haz una lista de 50 posibles socios y contacta personalmente al menos a cinco por semana. Ofréceles emails ya escritos, demos o incluso páginas de aterrizaje co-marcadas. Cuanto más fácil les hagas promocionarte, más probable será que acepten.

No olvides tu lista de email y tus seguidores sociales — ellos también pueden convertirse en socios. Invítalos a unirse a tu programa de afiliados si tienes una plataforma white label. Ofrece un bono por referencia para quien traiga un cliente que pague. Una audiencia pequeña pero comprometida puede convertirse en tus primeros 10 vendedores.

Otro motor de crecimiento subestimado son los upsells y cross-sells. Si alguien se registra en tu herramienta o recomendación de afiliado, ¿qué más podría necesitar? ¿Puedes venderle un paquete de plantillas, una sesión privada, un calendario de contenido o incluso un mini curso? Cada oferta adicional aumenta tu ingreso por cliente y ayuda a compensar el gasto en anuncios o alianzas.

A medida que tus sistemas crecen, incorpora automatización para reducir la carga. Usa herramientas como Zapier o Make.com para enviar nuevos leads a tu CRM de email. Crea páginas de agradecimiento dinámicas que ofrezcan otras herramientas. Construye audiencias de retargeting con personas que visitaron tu página pero no compraron. Estos sistemas trabajan silenciosamente en segundo plano, convirtiendo tráfico en ingresos.

Escalar no significa trabajar más — significa multiplicar lo que ya funciona. Los anuncios pagados te dan velocidad. Las alianzas te dan alcance. Juntos, te dan el poder de crecer más allá de lo que los métodos orgánicos podrían lograr por sí solos.

En el capítulo final, exploraremos cómo blindar tus ingresos a futuro, convertir tus esfuerzos de afiliado en activos a largo plazo y potencialmente vender o licenciar tu sistema para obtener aún mayores ganancias.

Cómo Carlos llegó a seis cifras

Carlos había tocado techo. Después de meses construyendo un sistema sólido de afiliados — videos en YouTube, una página de captura y un embudo de email — estaba ganando alrededor de $3,500 al mes promoviendo herramientas de IA. Era buen dinero. Mejor que su trabajo anterior como redactor freelance. Pero no era suficiente para construir la vida de libertad que imaginaba cuando entró al mundo digital. Sabía lo que faltaba: escala.

Comenzó a explorar anuncios pagados, aunque con dudas. Había escuchado historias de terror sobre personas que perdían miles de dólares en Facebook o Google sin resultados. Pero Carlos era metódico. Decidió hacer pruebas pequeñas y enfocadas. Eligió su embudo con mayor conversión: un paquete gratuito de prompts de IA para dueños de negocios, seguido de una secuencia de 5 días que llevaba a registros de afiliado para Jasper y Pictory.

Creó un anuncio simple: un video de 20 segundos mostrando cómo usaba IA para convertir un solo prompt en un blog, un video y un caption para Instagram. El texto decía: "¿Quieres mi flujo exacto de prompts? Descarga gratis aquí." Lo ejecutó en Facebook e Instagram con segmentación detallada: administradores de páginas de negocios, personas interesadas en marketing, seguidores de Neil Patel y Buffer. Presupuesto: $10 al día.

Para su sorpresa, funcionó. Su costo por lead fue de $1.67, y el 11% de los nuevos suscriptores hizo clic en un enlace de afiliado en el primer email. Las conversiones pagaron el gasto publicitario — y más. En dos semanas, consiguió 327 nuevos suscriptores, $480 en comisiones y una fuente de tráfico escalable que podía controlar. Animado, aumentó el presupuesto. Luego duplicó la campaña con otro lead magnet: un mini curso "Top 7 Herramientas de IA". Nuevamente, resultados.

Pero no se detuvo ahí. Sabía que los anuncios eran solo una parte. Quería asociarse con creadores que ya tuvieran la audiencia que necesitaba. Así que comenzó a contactar — no a grandes influencers, sino a micro-creadores con 1,000 a 5,000 suscriptores que hablaban de IA, productividad o solopreneurship. Su propuesta era simple: "Creé un flujo de trabajo con IA sin código para freelancers. ¿Te gustaría presentarlo en tu newsletter o colaborar en un video? Te envío los recursos y te doy un bono de afiliado."

Un creador dijo sí. Luego otro. Para el tercer mes, Carlos había aparecido en cuatro newsletters, cinco menciones en YouTube y un podcast de nicho. Cada alianza trajo cientos de nuevos leads — leads cálidos, con contexto, que confiaban en quien lo recomendaba. Su lista de suscriptores se duplicó. Sus ingresos de afiliado superaron los $7,200. Contrató un asistente virtual para manejar su bandeja de entrada y agenda. Ya no solo ganaba comisiones — estaba construyendo una marca.

Carlos fue un paso más allá. Comenzó a white-labelizar una de las herramientas que antes promocionaba: un creador de chatbots con IA. Lo llamó "Leadbot AI" y lo ofreció como herramienta de captura de leads para agentes inmobiliarios. Usando las mismas estrategias de anuncios y email, lanzó un plan de $47 al mes. Al principio fue más lento, pero el impacto fue mayor — cada nuevo usuario traía ingresos recurrentes totalmente bajo su control.

Para el décimo mes, Carlos había superado las seis cifras en ingresos totales — con tres fuentes: comisiones de afiliado, suscripciones white label y bonos digitales. Sus anuncios le daban tráfico predecible. Sus alianzas le daban alcance orgánico. Y sus embudos de email convertían en piloto automático. Lo que comenzó como un proyecto desde su habitación se convirtió en un negocio escalable a tiempo completo — sin crear software ni contratar un gran equipo.

Lo que Carlos aprendió fue esto: construir el sistema es el paso uno. Escalar es multiplicar lo que ya funciona. No necesitaba videos virales ni menciones de millones de seguidores. Necesitaba precisión, relevancia y constancia. Los anuncios le dieron volumen. Las alianzas le dieron credibilidad. Juntos, le dieron el apalancamiento para crecer.

Ahora, cuando alguien le pregunta cómo pasó de ser un freelancer con dificultades a un emprendedor digital de seis cifras en menos de un año, Carlos sonríe y dice: "Elegí las herramientas correctas, mostré cómo las usaba y aparecí donde mi audiencia ya estaba."

Capítulo 10: Estrategias de Ingresos a Largo Plazo y Planificación de Salida

Construir fuentes de ingresos como afiliado y mediante white label utilizando herramientas de IA es una excelente forma de generar flujo de caja — pero la verdadera riqueza proviene de crear activos a largo plazo que aumenten su valor con el tiempo, no solo sus ganancias. En este capítulo final, exploraremos cómo convertir tu contenido de afiliado, embudos y alianzas en ingresos sostenibles durante años, y cómo vender o licenciar tu negocio cuando llegue el momento adecuado.

El primer cambio de mentalidad que necesitas es este: no eres solo un creador de contenido o afiliado — estás construyendo un portafolio digital de activos. Estos incluyen tu lista de email, tu blog o sitio web, tus cuentas SaaS white label, tus productos educativos (como mini-cursos o plantillas) y tus relaciones con socios y plataformas. Trata cada uno como una propiedad que posees — mejóralo, optimízalo y aumenta su valor con el tiempo.

Una de las formas más sencillas de proteger tus ingresos de afiliado a futuro es mediante contenido evergreen. En lugar de perseguir constantemente tendencias, enfócate en crear tutoriales, reseñas y comparativas que posicionen bien en buscadores y respondan preguntas atemporales. Estas piezas de contenido se convierten en fuentes de tráfico pasivo que continúan generando clics y comisiones incluso si dejas de publicar temporalmente. Actualiza regularmente estos artículos con capturas nuevas, funciones recientes o enlaces mejorados para mantenerlos vigentes.

Otra estrategia es la diversificación. No dependas de una sola plataforma, fuente de tráfico o programa de afiliados. Si todas tus comisiones provienen de una sola herramienta de IA y esta cambia sus condiciones, tus ingresos podrían caer de la noche a la mañana. Reduce el riesgo promoviendo entre 3 y 5 herramientas de alta calidad en distintas categorías (escritura, video, voz, automatización) y creando contenido en diferentes plataformas — YouTube, Instagram, Medium, LinkedIn, tu blog y email. Esto reduce la volatilidad y abre más oportunidades de crecimiento.

Luego, considera convertir tu experiencia en productos propios. Con el tiempo, te convertirás naturalmente en una autoridad en ciertas herramientas o estrategias. Empaqueta ese conocimiento en productos digitales — como un bundle de plantillas en Notion, una biblioteca de prompts de IA, un reto de 7 días o un curso corto sobre cómo construir embudos con IA. Puedes venderlos directamente o usarlos como lead magnets para atraer más clientes de afiliado o SaaS. La clave aquí es la propiedad — cuanto más valor crees y controles, mayor será tu apalancamiento.

Ahora hablemos de estrategias de salida. Si has construido un blog, canal de YouTube, lista de email o SaaS white label que genera ingresos consistentes, eventualmente podrías querer venderlo. Plataformas como Flippa, MicroAcquire y Empire Flippers permiten listar negocios digitales en venta. Los compradores buscan activos que generen ingresos con historial probado, tráfico constante y marca limpia.

Para prepararte para una posible venta:

- Mantén registros detallados de tráfico, ingresos y gastos.
- Usa Google Analytics, paneles de afiliados y reportes de Stripe o PayPal para rastrear ingresos.
- Organiza tus activos: calendarios de contenido, automatizaciones, lead magnets y secuencias de email.
- Asegúrate de que todo sea transferible: marca neutral, dominios claros y herramientas portables.
- Construye sistemas para que el siguiente dueño no dependa de tu personalidad para operar el negocio.

Incluso si nunca vendes, esta disciplina te obliga a construir un negocio real, no solo un "side hustle". Y los compradores suelen pagar entre 24x y 48x la ganancia mensual — lo que significa que un negocio de afiliados que genere $3,000 al mes podría venderse por $72,000 a $144,000.

Otra opción poderosa a largo plazo es el licenciamiento. Si has creado contenido educativo valioso, frameworks o plantillas, considera licenciarlos a coaches, agencias o empresas de software. Por ejemplo, si construiste una herramienta white label para agentes inmobiliarios, podrías licenciar esa estructura (marca + onboarding + plantillas) a otros agentes o brokers por una tarifa fija o regalía mensual. Esto convierte tu conocimiento en ingresos sin necesidad de mayor ejecución.

Para mantener el crecimiento, invierte en comunidad y marca. Considera iniciar un grupo gratuito en Facebook, servidor en Discord o newsletter donde compartas regularmente herramientas, resultados y consejos. Esto profundiza la relación con tu audiencia y aumenta retención, upsells y referencias. Las comunidades son más difíciles de replicar — lo que hace tu marca más valiosa y defendible.

Finalmente, reinvierte parte de tus ganancias — en software, herramientas, cursos, mentoría o apoyo de equipo. La forma más rápida de estancarte es hacer todo tú mismo. Incluso contratar un asistente virtual para reutilizar tu contenido o configurar automatizaciones puede duplicar tu producción con un costo mínimo.

Checklist a largo plazo para convertir tu éxito actual en un activo permanente:

- Construir contenido evergreen optimizado para SEO
- Promover un portafolio de herramientas, no solo una
- Convertir tus sistemas en plantillas o mini-cursos
- Organizar tus activos para posible venta o licenciamiento
- Fomentar comunidad mediante newsletter o grupo privado
- Delegar tareas operativas de bajo nivel
- Actualizar contenido y ofertas regularmente
- Medir KPIs mensualmente para mantener enfoque en crecimiento

Tu negocio de afiliado o reventa SaaS no tiene que quedarse pequeño. Con intención, sistemas y mentalidad a largo plazo, puedes convertirlo en un imperio digital de seis o siete cifras — o venderlo y comenzar de nuevo, más rápido y más inteligente que antes.

La salida de Nina

Nina nunca intentó construir algo grande. Al menos no al principio. Era una mamá que se quedaba en casa en Toronto y comenzó a compartir consejos sobre IA en su blog durante las siestas de sus hijos. Lo que empezó como curiosidad — ayudar a otros a escribir mejores emails con Jasper — se convirtió lentamente en un ingreso adicional. Luego en uno constante. Y eventualmente, en algo mucho más grande: un sistema. Pero lo que hizo destacar a Nina no fue qué tan rápido creció, sino qué tan inteligentemente jugó a largo plazo.

Desde temprano, se enfocó en contenido evergreen. Su primer artículo, "Las Mejores Herramientas de IA para Mamás Ocupadas que Quieren Emprender Online", le generó tráfico todos los meses durante dos años. Lo actualizaba regularmente, probaba nuevas herramientas y medía resultados. Cuando Jasper cambió su interfaz, actualizó capturas. Cuando Pictory agregó funciones nuevas, grabó un nuevo tutorial. Su objetivo era simple: que cada pieza fuera atemporal y útil — incluso si alguien la leía un año después.

Pero Nina no se quedó solo con el blog. Empaquetó sus mejores prompts en un PDF descargable, lo ofreció a cambio de emails y creó una secuencia automatizada de 5 correos. Ese embudo por sí solo le generaba más de $2,500 al mes en comisiones de afiliado — y lo construyó una sola vez. Luego añadió un mini-curso llamado "Productividad con IA para Solopreneurs". Eran solo 45 minutos de grabaciones de pantalla y listas de verificación. Lo vendía a $27 y lo combinó con sus herramientas favoritas — cada una con su enlace de afiliado. Inteligente. Simple. Escalable.

A medida que sus sistemas crecían, Nina empezó a pensar en grande. Dejó de verse como "bloguera" y comenzó a actuar como dueña de negocio. Registraba cada ingreso, documentaba embudos y creaba SOPs para reutilización de contenido. Contrató un asistente virtual 10 horas a la semana para programar emails, actualizar enlaces y responder preguntas. Esto le dio libertad para enfocarse en lo que más le gustaba: enseñar.

Con el tiempo, creó una pequeña comunidad de mujeres usando IA para generar ingresos extra. Lanzó un grupo privado en Telegram, organizaba sesiones mensuales de preguntas y enviaba un newsletter semanal. Su lista creció a más de 5,000 suscriptoras altamente segmentadas y comprometidas. Fue entonces cuando comenzaron a pedirle licencias de su mini-curso y plantillas de email.

Su primer acuerdo de licencia fue con un coach de negocios digitales. Quería ofrecer el embudo de IA de Nina a sus clientes. Negociaron una tarifa de $1,500 más $20 por usuario. Luego vinieron más acuerdos. Para el tercer año, Nina generaba entre $7,000 y $10,000 al mes — y solo la mitad provenía de afiliados. El resto era licenciamiento, su versión white label de un chatbot y productos digitales económicos.

Entonces llegó la oferta.

Una empresa educativa que enseñaba ingresos remotos la contactó. Amaban su contenido, su audiencia y le ofrecieron comprar su blog, lista de email y biblioteca de cursos. No era un acuerdo millonario — pero para Nina, la oferta de $180,000 por adelantado más $2,000 mensuales durante un año cambió su vida. Era la oportunidad de comenzar de nuevo, invertir en otros proyectos y tener estabilidad por primera vez en años.

Aceptó.

Hoy, Nina asesora a creadores digitales y enseña a otros cómo replicar lo que construyó. No inventó una herramienta. No levantó capital. No desarrolló una app. Creó valor — constante, auténtica e inteligentemente. Y trató su contenido como propiedad. Lo mantuvo. Lo mejoró. Y cuando llegó el momento, lo vendió — como lo haría cualquier buen inversionista.

Su historia demuestra que el ingreso digital no se trata solo de ganar dinero ahora. Se trata de construir activos que aumenten su valor — y que, con el tiempo, **trabajen más duro que tú.**

Epílogo: La Nueva Era del Afiliado Digital

Hemos llegado al final de este libro, pero si has estado prestando atención, sabes que en realidad no es el final – es un punto de partida. Una nueva dirección. Un nuevo camino profesional para creadores, marketers, freelancers y personas comunes en todo el mundo que quieren una sola cosa: libertad. El poder de vender herramientas de IA como afiliado o revendedor no está solo en los ingresos. Está en la autonomía, la flexibilidad y la escalabilidad que este modelo ofrece – especialmente ahora, cuando la IA está creciendo más rápido que cualquier movimiento tecnológico anterior.

Lo que hace que este momento sea tan especial es la accesibilidad. Hace apenas cinco años, construir un negocio de software o monetizar tecnología requería programación, capital y un equipo de desarrollo. ¿Hoy? Puedes crear contenido desde tu teléfono, recomendar herramientas que ya usas y ganar comisiones en piloto automático. Puedes revender plataformas de IA potentes bajo tu propia marca y construir un negocio de productos digitales con casi ningún costo fijo. No necesitas permiso. No necesitas un título. Solo necesitas constancia y una estrategia.

Este libro te dio ambas cosas.

Ya sea que estés comenzando en el marketing de afiliados o buscando convertir tu SaaS white label en una máquina de seis cifras, los principios que aprendiste aquí son atemporales. Enfócate en resolver problemas reales. Elige herramientas que ofrezcan valor verdadero. Construye embudos que guíen, no que vendan agresivamente. Usa el contenido para educar e inspirar. Y piensa siempre a largo plazo: cada video, cada email y cada página de aterrizaje es un activo digital que trabaja para ti — para siempre.

Los afiliados más inteligentes en este espacio están cambiando su identidad. No son solo influencers o marketers. Son curadores, educadores y dueños de productos. Están combinando enlaces de afiliado con plantillas, lead magnets y entrenamientos digitales para aumentar conversiones y multiplicar impacto. Empiezan con un solo enlace y terminan con una marca que genera ingresos mientras duermen. Este es el modelo híbrido afiliado-revendedor — y es el futuro.

Pero aquí está el secreto que la mayoría pasa por alto: no necesitas ser el mejor en nada. Solo necesitas ser claro, constante y auténtico. Las personas confían en quienes comparten lo que funciona. Buscan guías, no gurús. Eso significa que tu historia, tu proceso y tus desafíos importan. Compartirlos no solo construye confianza, crea lealtad — y en el mundo digital, la lealtad es el verdadero multiplicador.

Ahora estás equipado con el sistema completo:

- Cómo funcionan los programas de afiliados y dónde encontrarlos
- Las mejores herramientas de IA para promocionar ahora mismo
- Embudos que convierten
- Contenido que atrae compradores
- Plataformas para escalar con SEO, YouTube e Instagram
- Automatización con email marketing
- Estrategias de reventa white label
- Publicidad pagada y alianzas estratégicas
- Planificación de salida y monetización a largo plazo

Si tomas acción en solo un capítulo, estarás por delante del 90% de las personas que aún esperan la "idea perfecta". Si tomas acción en todos, tendrás un negocio que escala y se sostiene por sí solo — impulsado por valor, automatización e ingresos recurrentes.

Y si alguna vez pierdes impulso, recuerda esto: no estás aquí para perseguir tendencias. Estás aquí para construir activos. Activos que sirvan a las personas, resuelvan problemas y respalden tu vida — sin importar en qué parte del mundo estés.

Así que comienza hoy. Graba tu primer tutorial. Escribe tu primer artículo. Lanza tu embudo. Contacta a tu primer socio. No será perfecto. Evolucionará. Pero cada paso que des está construyendo algo que no solo te paga — te libera.

Porque esto ya no es solo marketing de afiliados.

Es propiedad digital en la era de la IA.

www.ingramcontent.com/pod-product-compliance
Lightning Source LLC
LaVergne TN
LVHW010836051026
849532LV00007B/2718